SARAH FORD

SEI EIN FLAMINGO

und steh über den Dingen

ILLUSTRIERT VON
ANITA MANGAN

ÜBERSETZT AUS DEM ENGLISCHEN VON
KATHARINA UHLIG

Wilhelm Heyne Verlag
München

HINWEISE

 Dieses Buch enthält
Verrücktes.

 Nichts für Nörgler.

 Keine Altersbeschränkung – der Flamingo
ist für alle da, auch für graue Tauben!

 Zur Geschmacksverstärkung
extra Lebenswürze hinzufügen.

 Es lebe das Pink!

Sei ein Flamingo. Der Flamingo ist einzigartig,
einfach unvergesslich, charmant, mitfühlend und
fantastisch. Er steht zu seiner femininen Seite,
aber unter seinen pinken Flügeln steckt mehr –
also sei auf der Hut, wenn er mal seine schwarzen
Federn zeigt, denn er ist keine halbe Portion und
hat das Überraschungselement immer auf seiner
Seite.

Der Wahnsinn des Flamingos hat Methode.
Er erklimmt den Gipfel des Erfolgs und geht
dabei einige Risiken ein, aber keine Angst – er
geht nicht über Leichen. Was ihn so besonders
macht, sind seine Hartnäckigkeit und seine
Kreativität in Sachen Problemlösung. Er ist
der Erste, der sich freiwillig meldet (selbst die
langweiligste Tätigkeit hat etwas Gutes an sich),
er ist offen für Veränderungen (mmh, knuspriger
Tintenfisch mit Meeresalgen zum Abendessen),
und seine Manieren werden von Südamerika bis
Afrika hochgelobt (von seinen Blähungen hat
noch keiner gehört).

Du wirst den Flamingo nie dabei erwischen,
wie er vor der Glotze sitzt und eine Sitcom anguckt;
er ist viel zu beschäftigt, frisches Essen zu kochen,
Mandarin zu lernen oder beim Open Mic im
Comedy-Club um die Ecke aufzutreten. Der
Flamingo hat nie den Drang verspürt, sich
anzupassen. Er fühlt sich wohl in seinen Federn
und es ist ihm egal, was andere denken – das
macht ihn so überragend.

ZEHN FLAMINGO-REGELN FÜR EIN GUTES LEBEN

- Sei kreativ – mach die Augen auf und lass dich von allem und jedem um dich herum inspirieren (selbst Tauben sehen im richtigen Licht ganz niedlich aus).
- Häng dich rein, scheu keine Mühe, biete deine Hilfe an oder mach Überstunden, um etwas fertig zu bekommen (besser als eine ganze Serie am Stück zu gucken).
- Sei neugierig und übe dich in der Kunst der Konversation (wenn du unsicher bist, stell viele Fragen, dann kannst du beides abhaken).
- Versuch, die Dinge locker zu nehmen; dein Sinn für Humor wird dir selbst durch die schwierigsten Zeiten helfen und sorgt außerdem dafür, dass du immer Freunde hast, sogar, wenn deine Witze mies sind.

- Kleider machen Leute – wirf die neuesten Modetrends über Bord und finde deinen eigenen Stil, aber vergiss niemals, wie wichtig zwei gleiche Socken sind.
- Finde deinen eigenen Weg. Er mag steinig sein oder schon von Gassigängern benutzt werden, aber es ist deiner – und die Wahrscheinlichkeit ist hoch, dass er dich an einen guten Ort führt.
- Nimm deine Unvollkommenheit an – das ist so viel spannender.
- Riskier was – es könnte sich lohnen.
- Fang klein an – grüß morgens freundlich, mach ein ernst gemeintes Kompliment oder trag einen Hut – und bald werden die kleinen Dinge zu den unvergesslichen, großen Dingen.
- Ergreife Chancen und nimm Veränderungen an. Nutze den Tag – gehöre nicht zu denjenigen, die im Nachhinein bereuen, es nicht getan zu haben.

Der Flamingo hat kurz
darüber nachgedacht, ob
seine Beine in diesen Shorts
dünn aussehen, trägt sie
dann aber trotzdem.

Der Flamingo ist bereit
für den Sprung ins kalte
Wasser.

Heute feuert der
Flamingo sich selbst
an.

Der Flamingo hat nie das Bedürfnis, mit dem Strom zu schwimmen.

Der Flamingo achtet stets auf Details, vor allem bei der Wahl seiner Socken.

Heute übt der
Flamingo sein
Festival-Make-up.

Es stimmt, dachte sich
der Flamingo, guten
Geschmack kann man
nicht kaufen.

Der Flamingo hat sich solche
Mühe mit seinem Outfit gegeben –
aber dieses zusätzliche
Accessoire ruiniert nun alles.

Der Flamingo ist ein genügsames Lebewesen – er würde nur die zerbrochenen Kekse essen.

Nach einem ordentlichen Nickerchen auf seinem Daunenkissen blüht der Flamingo auf.

Ohne ein gewinnendes Lächeln im Gesicht ist das Outfit des Flamingos nicht komplett.

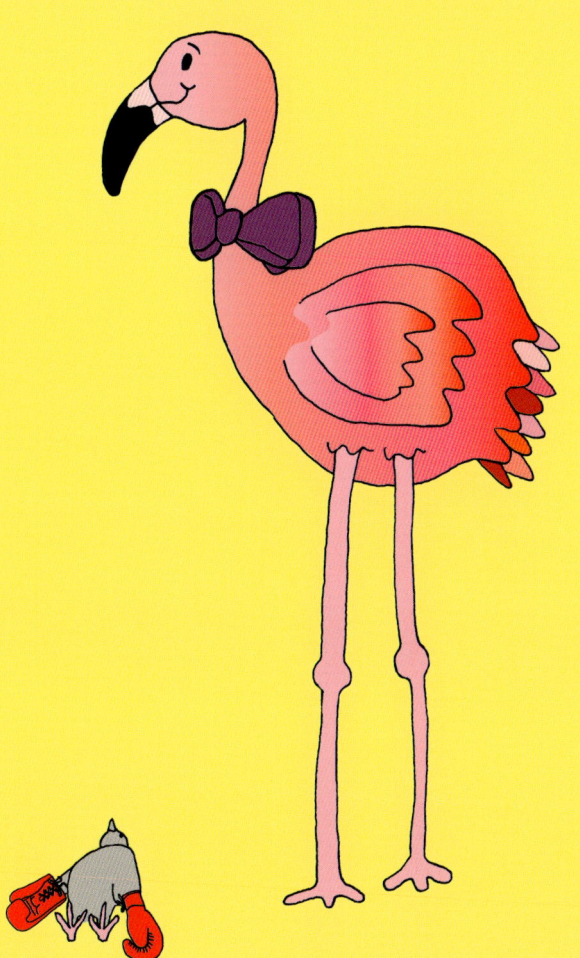

Verkaufsgespräche erledigt
der Flamingo immer im
Stehen.

Der Flamingo hatte zwei
Cocktails getrunken und
fühlte sich super. Einer
mehr, und alles wäre vorbei.

Aus reiner Nettigkeit
täuscht der Flamingo
manchmal Interesse vor.

Selbst wenn er im Lotto gewinnen würde – der Flamingo würde nichts verändern.

Der Flamingo wählt
seine Freunde mit
Bedacht.

Der Flamingo trainiert,
Augenkontakt zu halten,
und ist ein Meister im
Nicht-Blinzeln.

Der Flamingo schreibt
seine Dankeskarten.

Flamingos harte Arbeit
hat sich gelohnt – seine
Schuhe stellen alles
andere in den Schatten.

Der Flamingo ist kein
Angeber, aber manchmal
stimmt er ein kleines
Loblied auf sich selbst an.

Der Flamingo sagt grund-
sätzlich zu allem Ja.

Ehre, wem Ehre gebührt, dachte der Flamingo, der Pinguin liefert echt 'ne gute Show ab.

Der Flamingo war zufrieden
mit seinem Photobombing.

Für den Flamingo ist
keine Hürde zu hoch.

Wer nicht wagt,
der nicht gewinnt,
dachte der Flamingo.

Der Flamingo weiß, dass
man für den guten Zweck
manchmal auch Federn
lassen muss.

Das Hingucker-Outfit des
Flamingos schreit geradezu
nach einem großen Auftritt.

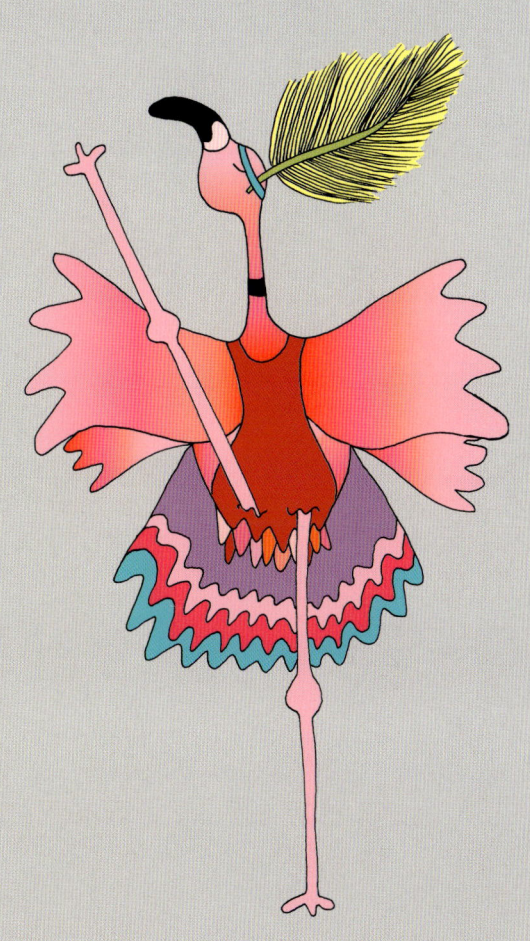

Der Flamingo hat keine
Angst zu scheitern – außer
beim Fallschirmspringen.

Um sein Outfit aufzumotzen,
hat der Flamingo noch
einen Schal angezogen.

Es war eine schwierige Situation, aber der Flamingo stellte sich ihr mit Rückgrat und erhobenen Hauptes.

Der Flamingo ist der
Meinung, dass Leggins
niemandem stehen.

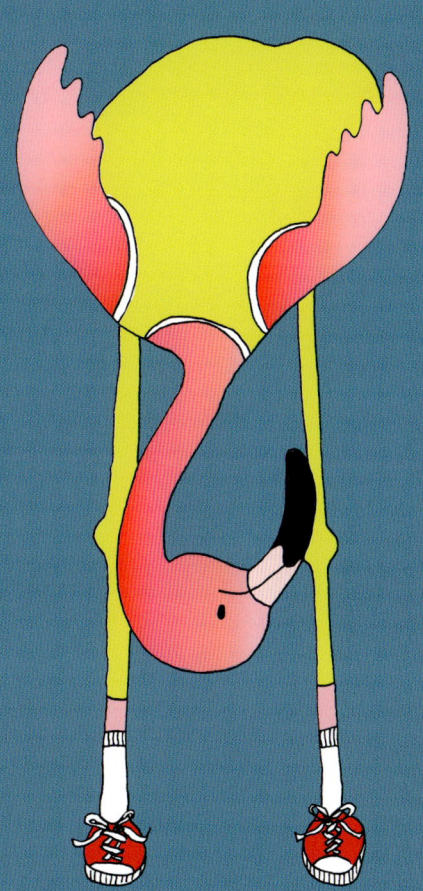

Der Flamingo macht
gern eine kleine Welle.

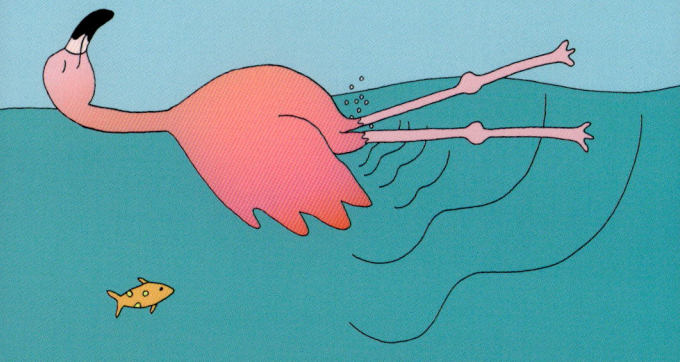

Wenn es die Situation verlangt, zeigt der Flamingo seine schwarzen Federn.

Der Flamingo findet,
dass es beim Kitzeln
nur Gewinner gibt.

Der Flamingo aß eine
Extraportion Shrimps, um
auf seinem Profilfoto für das
Dating-Portal besonders
pink auszusehen.

Der Flamingo gibt sich
große Mühe, nie einen
Namen zu vergessen.

Gute Manieren geraten
nie aus der Mode, meint
der Flamingo.

Wenn es um den guten Zweck geht, ist der Flamingo immer sofort ganz vorne mit dabei.

Es tut gut, großzügig zu sein,
stellt der Flamingo fest.

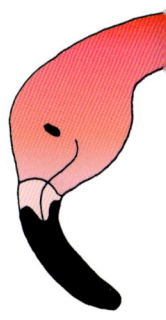

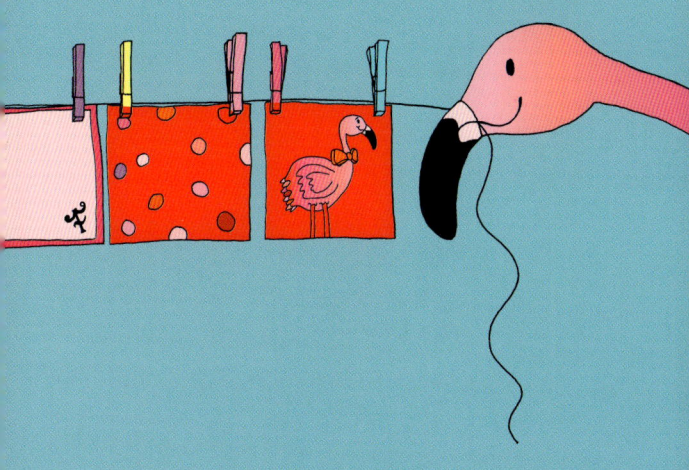

Der Flamingo geht nie
irgendwo ohne eins seiner
Taschentücher hin.

Der Flamingo fühlt sich wohl
in seiner Haut.

So sehr der Flamingo
sein Tablet auch mag –
sich im wirklichen
Leben zu begegnen,
findet er besser.

Der Flamingo steht zu seiner
natürlichen Pinkheit.

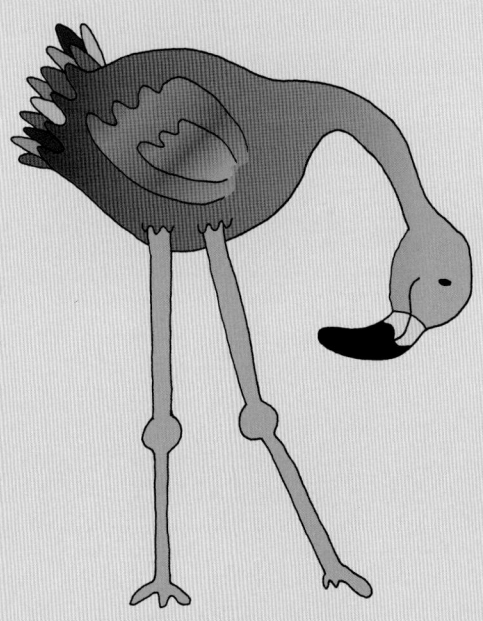

Der Flamingo ist ein
Querdenker – jetzt sei
ein Flamingo und mach
es ihm nach!

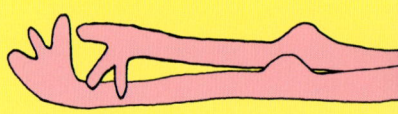

Die Originalausgabe erschien 2017 unter dem Titel *Be a flamingo & stand out from the crowd* bei Spruce, einem Imprint der Octopus Publishing Group Ltd, Carmelite House, 50 Victoria Embankment, London EC4Y ODZ.

Verlagsgruppe Random House FSC® N001967

Deutsche Erstausgabe 4/2018

© by Sarah Ford 2017
© der deutschsprachigen Ausgabe 2018
by Wilhelm Heyne Verlag, München,
in der Verlagsgruppe Random House GmbH,
Neumarkter Straße 28, 81673 München
Illustrationen: Anita Mangan
Umschlaggestaltung: Hauptmann & Kompanie
Werbeagentur, Zürich,
unter Verwendung einer
Illustration von © Anita Mangan
Satz: Satzwerk Huber, Germering
Printed and bound in China

ISBN: 978-3-453-60483-4

www.heyne.de